BEI GRIN MACHT SICH IHR WISSEN BEZAHLT

- Wir veröffentlichen Ihre Hausarbeit, Bachelor- und Masterarbeit

- Ihr eigenes eBook und Buch - weltweit in allen wichtigen Shops

- Verdienen Sie an jedem Verkauf

Jetzt bei www.GRIN.com hochladen und kostenlos publizieren

Bibliografische Information der Deutschen Nationalbibliothek:

Die Deutsche Bibliothek verzeichnet diese Publikation in der Deutschen Nationalbibliografie; detaillierte bibliografische Daten sind im Internet über http://dnb.d-nb.de/ abrufbar.

Dieses Werk sowie alle darin enthaltenen einzelnen Beiträge und Abbildungen sind urheberrechtlich geschützt. Jede Verwertung, die nicht ausdrücklich vom Urheberrechtsschutz zugelassen ist, bedarf der vorherigen Zustimmung des Verlages. Das gilt insbesondere für Vervielfältigungen, Bearbeitungen, Übersetzungen, Mikroverfilmungen, Auswertungen durch Datenbanken und für die Einspeicherung und Verarbeitung in elektronische Systeme. Alle Rechte, auch die des auszugsweisen Nachdrucks, der fotomechanischen Wiedergabe (einschließlich Mikrokopie) sowie der Auswertung durch Datenbanken oder ähnliche Einrichtungen, vorbehalten.

Impressum:

Copyright © 2018 GRIN Verlag
Druck und Bindung: Books on Demand GmbH, Norderstedt Germany
ISBN: 9783668774117

Dieses Buch bei GRIN:

https://www.grin.com/document/436961

Marimilian Kerber

Freiheiten und Grenzen in Deutschland. Schadet die AfD langfristig unserer Demokratie?

GRIN Verlag

GRIN - Your knowledge has value

Der GRIN Verlag publiziert seit 1998 wissenschaftliche Arbeiten von Studenten, Hochschullehrern und anderen Akademikern als eBook und gedrucktes Buch. Die Verlagswebsite www.grin.com ist die ideale Plattform zur Veröffentlichung von Hausarbeiten, Abschlussarbeiten, wissenschaftlichen Aufsätzen, Dissertationen und Fachbüchern.

Besuchen Sie uns im Internet:

http://www.grin.com/

http://www.facebook.com/grincom

http://www.twitter.com/grin_com

Seminararbeit

Thema:

Freiheiten und Grenzen in Deutschland

Schadet die AfD langfristig unserer Demokratie?

Inhaltsverzeichnis

1. Einführung in das Thema 3

2. AfD als Partei – Faktoren, die zur Parteigründung und ihrem Programm beitrugen 4

3. Wahlprogramme 2013 und 2017 im Vergleich sowie Fazit zur Entwicklung 5

4. Wahlerfolge 2017 in den einzelnen Bundesländern 8

5. Faktoren die dieses Wahlverhalten beeinflussen 8

6. Resümee 12

7. Literaturverzeichnis 13

1. Einführung in das Thema

„Die Deutschen, also unser Volk, sind das einzige Volk der Welt, das sich ein Denkmal der Schande in das Herz seiner Hauptstadt gepflanzt hat." AfD Partei- und Fraktionschef Björn Höcke über das Berliner Holocaust-Mahnmal. [1]

Einer Umfrage zufolge stimmten 62% der Befragten dafür, dass Höcke sich nach dieser Rede als Anhänger des Nationalsozialismus geoutet habe. Der AfD wird unter anderem vorgeworfen, es handle sich um eine antidemokratische, rechtspopulistische Partei. Dennoch tritt sie 2017 mit 13% in den Bundestag ein und ist damit die drittstärkste Kraft. In Bezug auf die Wahlergebnisse gab es in den verschiedenen Bundesländern jedoch erhebliche Unterschiede.[2] Welches sind die Faktoren die dieses Wahlverhalten beeinflussen? Und aus welcher Motivation heraus wählen wir eine Partei wie die AfD?

Ziel dieser Arbeit ist es, der Frage nachzugehen, ob die Partei langfristig unserer Demokratie schadet und weshalb wir eine Partei wie die AfD wählen.

Um diese Fragen beantworten zu können, stelle ich zu Beginn die Entwicklung der AfD dar, wie es dazu kam, dass das Ende des 2. Weltkrieges im Jahr 1945, von Bedeutung für die AfD-Gründung im Jahr 2010 war. Ich stelle deren Wahlprogramme 2013 und 2017 gegenüber und gehe besonders auf die Flüchtlingspolitik der AfD ein, da dieses von großer Bedeutung für die Wahlen 2017 war. In einem vorläufigem Fazit, kann ich die Frage dann klären, ob es sich um eine antidemokratische Partei handelt. Zur Vereinfachung werde ich die wichtigsten Wahlprogramme zusammenfassen. Anschließend werde ich auf die Wahlerfolge einiger Bundesländer eingehen und darstellen wie ein solches Wahlverhalten zustande kommen kann. In einem abschließendem Resümee kann ich dann die Fragen beantworten, ob die AfD langfristig unserer Demokratie schadet und weshalb wir diese Partei wählen.

---

[1] Statistika 2017, Umfrage zu AfD-Politiker Björn Höcke als Anhänger des Nationalsozialismus 2017, https://de.statista.com/statistik/daten/studie/664349/umfrage/umfrage-zu-afd-politiker-bjoern-hoecke-als-moeglicher-anhaenger-des-nationalsozialismus/ Stand: 13.03.2018

[2] Focus 2017, So haben die Bundesländer bei der Bundestagswahl 2017 gewählt, https://www.focus.de/politik/deutschland/bundestagswahl_2017/wahlergebnisse-2017-so-haben-die-bundeslaender-bei-der-bundestagswahl-gewaehlt_id_7631289.html Stand: 13.03.2018

2. AfD als Partei – Faktoren, die zur Parteigründung und ihrem Programm beitrugen

Es war das Ende des 2. Weltkrieges. Erdulden mussten die Bürger unter Hitlers Regime bisher eine Diktatur. Die Besatzungsmächte der Bundesrepublik Deutschlands wollten fortan eine Demokratie in dieser Republik.

Zudem waren sie sich einig – kein Krieg mehr in Europa. Aus diesem Zweck hatte der französische Außenminister Robert Schuman ein Konzept erstellt, welches dazu diente, den Krieg zu verhinden, indem verschiedene Länder wirtschaftlich zusammen arbeiten sollten. Dies war die 1951 entstandene Montanunion. 1967 entwickelte sich daraus das europäische Parlament mit Abgeordneten, das die verschiedenen Organisationen verwaltete.

Durch die mittlerweile große Anteilnahme der Organisationen mussten diese neu organisiert werden und somit entstand 1992 der Vertrag von Maastricht, durch den die europäische Union gegründet wurde. Es war fortan nicht mehr nur eine Zusammenarbeit in wirtschaftlichen Themen, sondern in allen wichtigen politischen Bereichen. Sie erarbeiteten unter anderem einen gemeinsamen Binnenmarkt, ließen die Grenzkontrollen durch das Schengener Abkommen wegfallen und führten eine Gemeinschaftswährung ein – den Euro.

Die Schattenseiten des Euros kamen durch die sogenannten PIIGS-Staaten hervor, denn Portugal, Italien, Irland, Griechenland und auch Spanien waren hoch verschuldet, sodass sie ihre Staatsschulden nicht mehr zurückzahlen konnten. Dies führte bei manchen fast zu einem Staatsbankrot und die Krise wurde zur sogenannten Eurokrise.[3]

Dies geschah im Jahr 2010. Die Politik von Angela Merkel zu diesem Thema, war der Anstoß für Bernd Lucke und einige Wirtschaftsexperten, ein Plenum der Ökonome zu gründen.

Es war der Tag des EU-Gipfels, an dem Angela Merkel einem Rettungspaket für Griechenland zustimmte, obwohl sie noch am selben Vormittag im Bundestag verkündete, dieses Paket sei lediglich ein letzter Ausweg. Sie rechtfertigte diese Widersprüchlichkeit mit der Begründung, es gäbe keine Alternative. Aus dieser Aussage entwickelte sich auch der Name der heutigen AfD – Alternative für Deutschland.

---

[3] Loth, Wilfried 2014: Europas Einigung, eine unvollendete Geschichte, Campusverlag

Einige Ökonome waren jedoch der Meinung, dass es sehr wohl Alternativen gäbe. Daraufhin gründete der Hamburger Professor für Volkswirtschaftslehre Bernd Lucke ein „Plenum der Ökonome". Dieses Plenum diente dem Austausch und der Diskussion.

Bernd Lucke war dies jedoch zu wenig. Er wollte ein Mitspracherecht in der Politik erlangen, weshalb er 2012 das „Bündnis Bürgerwille" gründete, als Sammelbewegung und im Herbst 2012 die „Wahlalternative 2013". An dieser Spitze standen neben Bernd Lucke, Frauke Petry, eine Chemikerin und ehemalige Unternehmerin sowie Konrad Adam ein Publizist.

2013 traten sie nun zu den Bundestagswahlen an, das Thema Eurokrise fest im Programm verankert. Ziel war, den Euro aufzulösen und die nationalen Währungen wieder einzuführen oder Währungsverbunde zu gründen. Mit ihrem Programm schafften sie es nicht in den Bundestag.

Einzug in das Europaparlament hielten sie im Mai 2014 und daraufhin auch in einige Landesparlamente. Intern bekam die Partei immer größere Konflikte, da verschiedene Interessen aufkamen. Zum einen wollte Bernd Lucke sich für den wirtschaftsorientierten Zweig einsetzen. Auf der anderen Seite war Frauke Petry, die mit nationalkonservativen Themen weiter kommen wollte. Letztendlich wurde Petry anstatt Lucke zum neuen Parteivorsitzenden gewählt. Demzufolge kam eine Austrittswelle von 20% der Mitglieder, darunter Lucke. Grund dafür war, laut der ausgetretenen Mitglieder, dass der Rechtsdruck der AfD unter dem neuen Vorstand zu hoch wurde.

Im Mai 2015 zog die AfD in die Landesparlamente Hamburg und Bremen ein und auch an den 3 Landtagswahlen im Frühjahr 2017 gelang es der Partei wieder die 5%-Hürde zu knacken. Im September 2017 zog sie in den Bundestag ein.[4]

3. Wahlprogramme 2013 und 2017 im Vergleich sowie Fazit zur Entwicklung

Die AfD behandelt in ihren Parteiprogrammen die Themen Energiepolitik, Bildungspolitik, Familien- und Gesellschaftspolitik, Flüchtlingspolitik, Wirtschaftspolitik, Sicherheits- und Innenpolitik, Gesundheitspolitik, Europapolitik und Außenpolitik.

Durch Abgrenzung von anderen Parteien macht sie auf sich aufmerksam. So fordert sie zum Thema Energiepolitik 2013 noch ein nachhaltiges Konzept für bezahlbare Energie. 2017 soll der

---

[4] Oppelland Thorsten, 2017, Alternative für Deutschland http://www.bpb.de/politik/grundfragen/parteien-in-deutschland/211108/afd Stand: 12.03.2018

Atomausstieg gestoppt, die Laufzeit der Kernkraftwerke verlängert und der Ausbau von Windenergie eingeschränkt werden, mit der Begründung, dass der Klimawandel durch den Co2-Austoß in Frage gestellt wird. In anderen Parteien wie z.B der CDU wird die Gegenmeinung vertreten, dass man erneuerbare Energien fördern müsse[5].

Die AfD steht für ein klassisches Familienbild sowohl im Jahr 2013 als auch 2017. Der einzige Unterschied besteht darin, dieses durch härter werdende Gesetze zu erzwingen. In diesem Fall kristallisieren sich radikale Gedanken durch Ausgrenzung bestimmter Lebensformkonzepte der Partei heraus. Deutlich wird dies daran, dass 2013 eine solidarische Förderung der Familien angestrebt wird und 2017 dies dadurch konkretisiert wird, dass Alleinerziehende nur noch unterstützt werden sollen, wenn diese nicht aus eigener Schuld in diese Lage gekommen sind.

Die Flüchtlingskrise 2015 war ein sehr polarisierendes Thema für das Parteiprogramm 2017, denn kein anderes Thema wurde so stark diskutiert und führte zu größerem Unmut in der Gesellschaft als dieses. In der Geschichte der Menschheit gab es aufgrund von Naturkatastrophen, Kriegen oder auch Völkermorden immer wieder Fluchtbewegungen, so auch im Jahre 2015.

Für die Flüchtlinge/ Asylsuchenden war nur in Europa eine legale Einreise möglich, denn Europa hat ein Asylrecht, welches gewährleistet, dass Menschen, die in ihrem Herkunftsland durch den Staat politisch verfolgt werden, Asyl gewährt bekommen. Für andere Länder, benötigen die Asylsuchenden hierfür ein Visum.

Aufgrund der finanziellen Krise der PIIGS Staaten reisten viele Flüchtlinge überwiegend nach Schweden, Österreich und Deutschland.

In der Politik redet man hierbei von einer Flüchtlingskrise. Der Flüchtlingsansturm brachte sowohl wirtschaftliche als auch gesellschaftliche Folgen mit sich. Laut Gerd Lansberg, Hauptgeschäftsführer des Deutschen Städte- und Gemeindebundes, bezogen im Jahr 2017, 600 000 Flüchtlinge Hartz 4 und nur 200 000 gingen einer sozialversicherungspflichtigen Beschäftigung nach. Grund ist zum einen die fehlende Annerkennung mancher Berufs- und Bildungsabschlüsse. Andere möchten nicht arbeiten. Dies ist laut Sachbearbeiter im Bundesamt

---

[5] CDU Webseite, https://www.cdu.de/themen/energiepolitik Stand: 16.03.2018

für Migration und Flüchtlinge ein großes wirtschaftliches Problem.[6] Größtenteils stammen die Asylsuchenden aus muslimisch geprägten Ländern wie Syrien, Irak und Afghanistan.

Die Parteiprogramme 2013 und 2017 widersprachen sich nicht bezüglich der Flüchtlingskrise. Das Programm stellt eine Weiterentwicklung dar. 2013 verfolgte die AfD ein Einwanderungsgesetz nach kanadischem Vorbild, da Deutschland qualifizierte und integrationswillige Zuwanderer nötig habe. Außerdem wollte man Asylbewerbern bewilligen, im Inland zu arbeiten. 2017 sollte zwischen Kriegsflüchtlingen und irregulären Migranten unterschieden werden. Man verlangte eine Wiederdurchführung von Kontrollen an den deutschen Grenzen und auch ggf. deren Schließung.

In allen Themen geht die AfD stark nach den aktuell angeheizten Themen im Volk. So war der ausschlaggebende Faktor, weshalb die AfD gegründet wurde, die Euro-Krise. Die Partei sprach sich für eine Auflösung des Euros aus und forderte stattdessen nationale Währungen ggf. Währungsverbunde. Das in 2017 polarisierendste Thema war die Flüchtlingskrise. Dass das Volk mit der Flüchtlingspolitik unter Angela Merkel unzufrieden ist, geht aus der Emnid-Umfrage für N24 hervor. 64% der Befragten empfinden diese Politik als schlecht.[7]

Die AfD versucht mit scheinbar simplen Lösungen zu fast jedem Problem, das Volk mit sich zu ziehen. Sie möchte kontroverse, extreme Aussagen treffen, um damit Aufsehen zu erlangen. Die Aussage zum Thema Islam polarisierte in den Medien. "Der Islam ist an sich eine politische Ideologie, die mit dem Grundgesetz nicht vereinbar ist", "Wir sind für ein Verbot von Minaretten, von Muezzins und für ein Verbot der Vollverschleierung", sagte die stellvertretende Parteivorsitzende und Europaabgeordnete Von Storch der Frankfurter Allgemeinen Sonntagszeitung.[8] Diese Aussage erinnert an die nationalsozialistische Führung unter Hitler. Vor

---

[6] Focus online 2017, 600.000 Flüchtlinge leben von Hartz IV - nun schlagen die Kommunen Alarm, https://www.focus.de/politik/deutschland/integration-in-den-arbeitsmarkt-600-000-fluechtlinge-leben-von-hartz-iv-nun-schlagen-die-kommunen-alarm_id_8102587.html Stand: 7.4.2018

[7] RP. Online 2017, Umfrage: Mehrheit mit Flüchtlingspolitik unzufrieden, https://rp-online.de/politik/deutschland/fluechtlingskrise-umfrage-mehrheit-mit-fluechtlingspolitik-unzufrieden_aid-9533763 Stand: 20.03.2018

[8] Süddeutsche Zeitung 2016, Von Storch: Islam nicht mit dem Grundgesetz vereinbar, http://www.sueddeutsche.de/politik/afd-von-storch-islam-nicht-mit-dem-grundgesetz-vereinbar-1.2952918#redirectedFromLandingpage Stand: 20.03.2018

solchem Gedankengut soll Artikel 4 GG gerade schützen. Dort steht in Absatz 2 „Die ungestörte Religionsausübung wird gewährleistet."[9]

Um die Frage zu beantworten, ob es sich bei der AfD um eine antidemokratische Partei handelt, müssen zunächst die Wörter „Demokratie" und „antidemokratisch" definiert werden.

Demokratie bedeutet: „1. politisches Prinzip, nach dem das Volk durch freie Wahlen an der Machtausübung im Staat teilhat. 2. Regierungssystem, in dem die vom Volk gewählten Vertreter die Herrschaft ausüben. 3. Staat mit demokratischer Verfassung, demokratisch regiertes Staatswesen. 4. Prinzip der freien und gleichberechtigten Willensbildung und Mitbestimmung in gesellschaftlichen Gruppen." Antidemokratisch bedeutet: „1. gegen die Demokratie gerichtet, 2. die Demokratie ablehnend." [10]

Von diesen Definitionen ausgehend ist die AfD keine antidemokratische Partei. Denn sie fordern im Programm 2017 die direkte Demokratie nach Schweizer Vorbild. Zudem lässt sich in ihrem Wahlprogramm kein Anhaltspunkt finden, dass sie beabsichtigt die Demokratie abzuschaffen. Dennoch könnte sie die Demokratie durch das Nichteinhalten der Gleichberechtigung gefährden.

4. Wahlerfolge 2017 in den einzelnen Bundesländern

Wie bereits erwähnt, schaffte es die AfD bei den Wahlen 2017 bei einer Wahlbeteiligung von 76,2%, mit 12,6% als drittstärkste Kraft, Einzug in den Bundestag zu halten. Die Wahlergebnisse in den verschiedenen Bundesländern waren sehr unterschiedlich. Es lassen sich große Ost-West Unterschiede erkennen. In Westdeutschland (mit Berlin-West) erhielt die AfD 10,7% der Wählerstimmen und in Ostdeutschland (mit Berlin-Ost) dagegen 21,9%.[11]

5. Faktoren die dieses Wahlverhalten beeinflussen

Die großen Ost-West Unterschiede lassen sich neben den Wählerstimmen auch in anderen Bereichen erkennen. Die Arbeitslosenquote liegt in Ostdeutschland 2017 bei 7,6% und in

---

[9] Voßkuhle Andreas: 2017 Grundgesetz für die Bundesrepublik Deutschland, Beck Juristischer Verlag
[10] Duden - Deutsches Universalwörterbuch: Das umfassende Bedeutungswörterbuch der deutschen Gegenwartssprache, Bibliographisches Institut; Auflage: 8., überarb. u. erw. Aufl. (19. August 2015)
[11] Der Bundeswahlleiter 2017, Budestagswahlen 2017, https://www.bundeswahlleiter.de/bundestagswahlen/2017/ergebnisse/bund-99.html Stand: 15.04.2018

Westdeutschland dagegen bei 5,3%.[12] Auch ist der Bruttomonatsverdienst und die Bevölkerungsdichte im Osten geringer als im Westen.[13] Im Osten leben deutlich weniger Ausländer als im Westen.[14] Hier lässt sich ein Zusammenhang vermuten, der jedoch nicht wissenschaftlich sicher ist. So kann es sein, dass diese Unterschiede mit einer generellen Unzufriedenheit der Lebenssituation zu tun haben. Da die Menschen im Osten nicht viel mit Ausländern in Kontakt treten, stehen sie diesen auch feindlich gegenüber. Es fehlen ihnen jegliche Erfahrungen. Laut einer Studie der Friedrich-Ebert-Stiftung, ist die Mehrheit der Menschen im Osten unzufrieden mit der jetzigen Demokratie.[15] Dies ist gefährlich für die Demokratie, denn unter anderem scheiterte auch die Weimarer Republik daran.

Wahlverhalten ist ein Teilgebiet der Politikwissenschaften und analysiert das Verhalten der Wähler, wie diese sich entschließen in Wahlen zu wählen. Die unterschiedlichen Wählerstimmen, werden von verschiedensten Faktoren beeinflusst. Grob kann man diese in 2 Hauptgruppen untergliedern:

Zu der ersten Hauptgruppe gehören die soziologischen Faktoren. Darunter zählen Alter, Geschlecht, Beruf, Religionszugehörigkeit, Werteorientierung usw.. Diese Faktoren können nur bedingt untersucht werden, da sie über einen längeren Zeitraum auf die jeweilige Person Einfluss hatten. Bekannt ist, dass der AfD Stimmenanteil bei den 35-40 Jährigen am höchsten war. Überwiegend Männer wählten die Partei. Aus den Tätigkeitsfeldern stimmten vor allem Arbeitslose und Personen die handwerkliche Berufe ausübten für die AfD. Zu den Religionsangehörigkeiten und Werteorientierungen ist es schwierig Aussagen zu treffen, denn es ist zweifelhaft inwieweit solche Umfragen ehrlich beantwortet werden und Schlussfolgerungen erlauben.

---

[12] Bundeszentrale für politische Bildung 2018, Arbeitslose und Arbeitslosenquote
http://www.bpb.de/nachschlagen/zahlen-und-fakten/soziale-situation-in-deutschland/61718/arbeitslose-und-arbeitslosenquote Stand: 15.04.2018
[13] Statistische Ämter des Bundes und der Länder 2015, Regionalatlas Deutschland
Indikatoren des Themenbereichs "Bevölkerung" , https://www-genesis.destatis.de/gis/genView?GenMLURL=https://www-genesis.destatis.de/regatlas/AI002-1.xml&CONTEXT=REGATLAS01 Stand: 30.04.2018
[14] Statistika 2017, Zahl der Ausländer in den Bundesländern laut Ausländerzentralregister (AZR) im Jahr 2017
https://de.statista.com/statistik/daten/studie/71210/umfrage/auslaender-pro-bundesland/ Stand: 30.04.2018
[15] Die Welt 2017, Viele Ostdeutsche unzufrieden mit der Demokratie,
https://www.welt.de/politik/deutschland/article164810904/Viele-Ostdeutsche-unzufrieden-mit-der-Demokratie.html Stand: 30.04.2018

Zu der zweiten Hauptgruppe der Faktoren die das Wahlverhalten beeinflussen gehören die politischen Faktoren. Diese wirken kurzfristig auf den Wähler ein. Sie beschreiben die politischen Sachfragen, die derzeitigen innen-und außenpolitischen Geschehnisse, was für eine Parteienalternative zur Auswahl steht und welche wirtschaftlichen Erwartungen der Wähler hat.[16] Ein aktuelles Thema auf innen-und außenpolitischer Ebene war, wie oben benannt, die Flüchtlingskrise. In dem Jahr, in dem die Flüchtlingskrise begann, war Angela Merkel bereits 10 Jahre in der Kanzlerschaft. Bisher hatte sie sich als sehr ruhig und nüchtern gezeigt. Doch es lässt sich erkennen, dass diesem Verhalten der Politikerin eine Wende widerfährt.

Bei einem Bürgerdialog in Rostock, begegnete Merkel einem palästinischen Flüchtlingsmädchen. Dieses lebte seit 4 Jahren in Deutschland und ging in die 6. Klasse. Sie hatte große Ziele, unter anderem wollte sie studieren gehen. Sie und ihre Familie hatten ein vorläufiges Bleiberecht. Sie erläuterte Angela Merkel ihr Schicksal. Ihr Vater arbeite als Schweißer und dürfe ohne fehlende Aufenthaltsbestätigung in Deutschland nicht arbeiten.

Wenn man diesen Dialog anschaut, kann man erkennen wie Merkels Haltung, Gestik und auch ihre Wortwahl eher sachlich und nüchtern bleibt. Merkel wird vorgeworfen, sie sei herzlos, kalt und hätte keine Empathie. Das Video des Bürgerdialogs kursierte durch die Medien wie ein Lauffeuer.[17] Der Bürgerdialog löste in Deutschland eine Asyldebatte aus. Auch Merkel selbst, ließ dieses Gespräch nicht los. In der noch im selben Jahr veröffentlichten Sendung von Anne Will wirkt Merkel verändert. Sie ist davon überzeugt, dass Deutschland den Flüchtlingsansturm schaffen kann. In dem 60 minütigen Gepräch, äußerte sie sich darüber wie die Bundesrepublik dies bewältigen könne.

Die zuvor kühle norddeutsche Merkel wurde in dem Interview von Anne Will emotional. Aus »Nicht alle können bleiben« wurde »Asyl darf keine Obergrenze haben«.

Im September 2015 wurden die Grenzen für die in Ungarn festsitzenden Kriegsflüchtlinge geöffnet. Obwohl sie dafür oft keine gute Resonaz bekam, hält Merkel auch noch immer an ihren

---

[16] Korte Karl-Rudolf, 2009, Wahlforschung
http://www.bpb.de/politik/wahlen/bundestagswahlen/62609/wahlforschung Stand: 30.04.2018
[17] Jansen Jonas 2015, Die Kanzlerin und das weinende Flüchtlingsmädchen
http://www.faz.net/aktuell/politik/inland/merkel-video-kanzlerin-und-das-weinende-maedchen-13705652.html
Stand: 5.05.2018

Entscheidungen fest. 2015 bis 2017 wurde die Anzahl an unsicheren Herkunftsländern stark gesenkt und der Familiennachzug von Asylsuchenden wurde eingeschränkt.[18]

Die Kritik an Merkels Flüchtlingspolitik machten sich die anderen Parteien, die an den Bundestagswahlen 2017 antraten zu ihrem Vorteil. Zur Auswahl standen 42 verschiedene Parteien. Darunter waren 9 Parteien, die in allen Bundesländern mit Landeslisten aufgeführt waren. AfD, CDU, CSU SPD, Grüne, Die Linke, FDP und Sonstige.

Die SPD fordert eine europaweite solidarische Aufteilung der Flüchtlinge. Sie möchten die Fluchtursache bekämpfen indem sie mehr Geld dem Flüchtlingshilfswerk zukommen lassen. Außerdem fordert die SPD eine Einwanderungsquote. So wie die SPD stehen auch die Grünen für eine Verteilung der Flüchtlinge auf die EU. Sie fordern das Einrichten von sicheren Fluchtrouten sowie ein schnelleres und faireres Asylverfahren. Die Linke möchte durch einen gerechten globalen Handel und vermehrte Entwicklungshilfe Fluchtursachen bekämpfen. Zudem möchte sie ein Abschiebestopp. Die FDP möchte auch eine europäische Verteilung der Flüchtlinge. Sie fordert zwischen Kriegsflüchtlingen und dauerhaften Einwanderern eine klare Unterscheidung. Die AfD grenzt sich am meisten von CDU/CSU ab, denn diese fordern eine Grenzschließung. Sie stellt das Nutzen für den Staat über das Asyl Grundrecht, denn sie möchte keine beruflich unqualifizierten Asylbewerber. Die AfD möchte keinen Familiennachzug und auch eine 4-jährige Ausschließung aus dem Sozialsystem nach Einwanderung.

Zu der Frage, was dieses Wahlverhalten der Bundestagswahlen beeinflusst, lässt sich bemerken, dass die Wende von Merkels Verhalten ein wichtiger Punkt der Flüchtlingspolitik war. Aus einer zunächst objektiven Haltung wurde nach Kritik, eine Emotionale. Die Schuld, weshalb wir in Deutschland einen so hohen Flüchtlingsansturm haben, schiebt Merkel den anderen Ländern zu. Dies waren unter anderem Gründe, weshalb die Menschen unzufrieden mit Merkels Politik wurden. Die AfD war die einzige Partei, die sich deutlich von den Wahlprogrammen der anderen distanzierte.

---

[18] Bundesamt für Migration und Flüchtlinge 2018, Familienasyl und Familiennachzug, http://www.bamf.de/DE/Fluechtlingsschutz/FamilienasylFamiliennachzug/familienasyl-familiennachzug-node.html Stand: 10.05.2018

6. Resümee

Die AfD entstand aus der Eurokrise 2010. Nachdem diese Alternative für Deutschland sich in zwei Lager teilte, folgte eine Austrittswelle mit der Begründung des Rechtsrucks. Trotz diesen Vorwürfen gelang es der Partei 2017 in den Bundestag. Die AfD ist eine sehr nationalkonservative Partei, was man an ihrem Parteiprogramm erkennen kann.

Laut Definition, was Demokratie bedeutet, ist die AfD keine antidemokratische Partei, denn sie möchte die Demokratie nicht abschaffen. Das sieht man daran, dass sie die direkte Volksabstimmung fördert. Die Definition einer Demokratie bedeutet jedoch auch, „das Prinzip der freien und gleichberechtigten Willensbildung und Mitbestimmung in gesellschaftlichen Gruppen." [19] Dieses hält die AfD jedoch, unter anderem mit dem Verbot der Vollverschleierung, nicht ein. Aus diesem Grund könnte die AfD langfristig der Demokratie schaden.

In den Wahlprogrammen 2013 und 2017 verfolgte sie die selbe Strategie. Sie schaut was das Volk derzeit beschäftigt und macht dieses zu ihrem Programmmittelpunkt. Durch Abgrenzung von anderen Parteien macht sie auf sich aufmerksam. Grund, weshalb die Partei es in den Bundestag schaffte, war die grundlegende Unzufriedenheit des Volks, die von der plötzlichen Wende Merkels Flüchtlingspolitik ausging.

Die Partei AfD konnte in Ostdeutschland eine größere Wählermehrheit als in Westdeutschland verbuchen. Ein Großteil der Wähler war männlich, mittleren Alters und aus handwerklichen Berufen oder arbeitslos.

Die Frage, ob die Partei langfristig unserer Demokratie schadet und weshalb wir eine Partei wie die AfD wählen, lässt sich nun beantworten. Die AfD könnte langfristig unserer Demokratie schaden. Eine Partei wie die AfD wählen wir, weil wir mit der derzeitigen Situation unzufrieden sind. Aus diesem Grund wählen wir etwas, was in den Vordergund gerät und uns permanent in den Medien umgibt. Die AfD suggeriert, dass es einfache Lösungen gibt. Da es in der Natur des Menschen liegt, den einfachsten Weg zu gehen, sehen wir diesen oft als richtig an.

---

[19] Duden - Deutsches Universalwörterbuch: Das umfassende Bedeutungswörterbuch der deutschen Gegenwartssprache, Bibliographisches Institut; Auflage: 8., überarb. u. erw. Aufl. (19. August 2015)

7. Literaturverzeichnis

Buchquellen

Duden - Deutsches Universalwörterbuch: Das umfassende Bedeutungswörterbuch der deutschen Gegenwartssprache, Bibliographisches Institut; Auflage: 8., überarb. u. erw. Aufl. (19. August 2015)

Loth, Wilfried 2014: Europas Einigung, eine unvollendete Geschichte, Campusverlag

Voßkuhle Andreas: 2017 Grundgesetz für die Bundesrepublik Deutschland, Beck Juristischer Verlag

Internetquellen

Bundesamt für Migration und Flüchtlinge 2018, Familienasyl und Familiennachzug, http://www.bamf.de/DE/Fluechtlingsschutz/FamilienasylFamiliennachzug/familienasyl-familiennachzug-node.html Stand: 10.05.2018

Bundeszentrale für politische Bildung 2018, Arbeitslose und Arbeitslosenquote http://www.bpb.de/nachschlagen/zahlen-und-fakten/soziale-situation-in-deutschland/61718/arbeitslose-und-arbeitslosenquote Stand: 15.04.2018

CDU Webseite, https://www.cdu.de/themen/energiepolitik Stand: 16.03.2018

Der Bundeswahlleiter 2017, Budestagswahlen 2017, https://www.bundeswahlleiter.de/bundestagswahlen/2017/ergebnisse/bund-99.html Stand: 15.04.2018

Die Welt 2017, Viele Ostdeutsche unzufrieden mit der Demokratie, https://www.welt.de/politik/deutschland/article164810904/Viele-Ostdeutsche-unzufrieden-mit-der-Demokratie.html Stand: 30.04.2018

Focus online 2017, So haben die Bundesländer bei der Bundestagswahl 2017 gewählt, https://www.focus.de/politik/deutschland/bundestagswahl_2017/wahlergebnisse-2017-so-haben-die-bundeslaender-bei-der-bundestagswahl-gewaehlt_id_7631289.html Stand: 13.03.2018

Focus online 2017, 600.000 Flüchtlinge leben von Hartz IV - nun schlagen die Kommunen Alarm, https://www.focus.de/politik/deutschland/integration-in-den-arbeitsmarkt-600-000-fluechtlinge-leben-von-hartz-iv-nun-schlagen-die-kommunen-alarm_id_8102587.html Stand: 7.4.2018

Jansen Jonas 2015, Die Kanzlerin und das weinende Flüchtlingsmädchen http://www.faz.net/aktuell/politik/inland/merkel-video-kanzlerin-und-das-weinende-maedchen-13705652.html Stand: 5.05.2018

Korte Karl-Rudolf, 2009, Wahlforschung http://www.bpb.de/politik/wahlen/bundestagswahlen/62609/wahlforschung Stand: 30.04.2018

Oppelland Thorsten, 2017, Alternative für Deutschland http://www.bpb.de/politik/grundfragen/parteien-in-deutschland/211108/afd Stand: 12.03.2018

RP. Online 2017, Umfrage: Mehrheit mit Flüchtlingspolitik unzufrieden, https://rp-online.de/politik/deutschland/fluechtlingskrise-umfrage-mehrheit-mit-fluechtlingspolitik-unzufrieden_aid-9533763 Stand: 20.03.2018

Statistika 2017, Umfrage zu AfD-Politiker Björn Höcke als Anhänger des Nationalsozialismus 2017, https://de.statista.com/statistik/daten/studie/664349/umfrage/umfrage-zu-afd-politiker-bjoern-hoecke-als-moeglicher-anhaenger-des-nationalsozialismus/ Stand: 13.03.2018

Statistika 2017, Zahl der Ausländer in den Bundesländern laut Ausländerzentralregister (AZR) im Jahr 2017 https://de.statista.com/statistik/daten/studie/71210/umfrage/auslaender-pro-bundesland/ Stand: 30.04.2018

Statistische Ämter des Bundes und der Länder 2015, Regionalatlas Deutschland Indikatoren des Themenbereichs "Bevölkerung" , https://www-genesis.destatis.de/gis/genView?GenMLURL=https://www-genesis.destatis.de/regatlas/AI002-1.xml&CONTEXT=REGATLAS01 Stand: 30.04.2018

Süddeutsche Zeitung 2016, Von Storch: Islam nicht mit dem Grundgesetz vereinbar , http://www.sueddeutsche.de/politik/afd-von-storch-islam-nicht-mit-dem-grundgesetz-vereinbar-1.2952918#redirectedFromLandingpage Stand: 20.03.2018